Für Kurt, Merlin und Vincent. F. K.

Mehr über unsere Bücher, Autor*innen und Illustrator*innen unter
wwwthienemann..de

Fee Krämer, Katja Wehner: Ach du buntes Ei! Überraschung für Opa Osterhase
978-3-480-23789-0
Umschlagtypografie: Typosalon, Hamburg
Reproduktion: Schwabenrepro GmbH, Fellbach
Druck und Bindung: Livonia Print, Riga, Lettland

© 2023 Esslinger Verlag
in der Thienemann-Esslinger Verlag GmbH,
Blumenstraße 36, 70182 Stuttgart
Printed in Latvia.
2. Auflage 2024

Fee Krämer
Katja Wehner

Ach du buntes Ei!
Überraschung für Opa Osterhase

esslinger

In einem gemütlichen Häuschen zwischen Weizenfeldern, einem Misthaufen und dem Hühnerstall wohnen der alte Osterhase Kunibert und Hasel, die kleine Haselmaus. „Bald ist Ostern!", freut sich Hasel. Ihr Näschen bebt vorfreudig.
„Jaja, aber das dauert noch", lächelt Kuni, der von seinen Freunden oft liebevoll Opa Osterhase genannt wird. Er ist so alt, dass er inzwischen viele Lesebrillen besitzt, aber selten eine findet. Plötzlich klopft es laut an der Tür.

Es sind die Hennen und ihr Hahn.

„Wann holst du denn endlich die ganzen Eier ab? Wir haben extra viele gelegt –
und nun stapeln sich die Eier bei uns im Stall", gackern die Hennen.

Nachdenklich kräuselt Opa Osterhase die Stirn. „Die Eier abholen? Wofür denn?"

Die Hennen schauen ihn fassungslos an. „Äh, morgen ist OSTERN?!"

„Was, morgen schon?" Kuni rutscht vor Schreck die Lesebrille von der Nase.

„Sag ich doch!", wispert Hasel und pufft den alten Hasen in die Seite.

Kuni muss erst mal in den Kalender gucken.
Aber doch, ja, sie haben recht: Morgen ist das Osterfest!
„Oha! Na, dann hol ich mal den Pinsel", sagt Kuni.
Da streckt ihm Hasel schon einen Strauß Pinsel entgegen.
„Neinneinnein, ich brauche meinen LIEBLINGSPINSEL",
entgegnet Opa Osterhase.

In seinen Augen beginnt es zu glitzern. Seine graue
Nase zuckt. „Seit ich denken kann, bemale ich mit ihm
die Ostereier. Er passt ganz genau in meine Pfote und
besitzt die weichsten Pinselhaare!"
Hasel nickt langsam.

„Wo hab ich ihn nur?" Die Stimme des alten Oster-
hasen knarzt. Er kann sich einfach nicht erinnern.
Verzweifelt zieht er seine langen Ohren noch ein
Stückchen länger.
Doch Hasel ist überzeugt: „Wir finden deinen Pinsel schon!"
Die Hennen zucken unbeeindruckt mit den Schultern.
So oft verliert der Hahn seine Stricknadel im Heuhaufen,
wenn er neue Sitzkissen für ihre Nester strickt, und jedes
Mal spüren die Hühner sie wieder auf. Da werden sie ja
wohl einen Pinsel im Haus von Opa Osterhase finden.

„Nein! Nein! Nein! So geht das nicht!",
seufzt Kuni und rauft sich das Fell.

Da klopft es schon wieder.
„Holla-di-hallo!", rufen die Hamster beschwingt, als der alte Osterhase
die Tür öffnet. „Hier sind die Osterkörbchen für morgen! Haben wir extra
mit den besten Halmen geflochten, die wir auf unserem Feld finden
konnten!" Sie gucken sich um. „Ui, bei dir sieht's ja wild aus.
Hast du die Eier schon versteckt und kannst sie nun nicht finden?"
Die Hamster brechen in Gelächter aus.

„Die Eier müssen erst noch bemalt werden. Dafür brauche ich nur meinen Lieblingspinsel! Er muss hier irgendwo sein ...", meint Kuni. „Wir können dir helfen! Wir sind super Sachenfinder", schlagen die Hamster vor.
„Moment", setzt Opa Osterhase an. „Wartet ...!"
Doch die Hamster hören gar nicht zu. Sofort strömen sie aus und helfen Hasel und den Hennen beim Suchen.

„Ist davon einer dein Lieblingspinsel?"

„Oder ist er das hier?"

„Oder vielleicht das?"

Opa Osterhase schüttelt den Kopf.
„Ihr meint das bestimmt alle furchtbar
nett." Hinter Kunis Stirn pocht es laut.
Und dann platzt es aus ihm heraus:
„Aber nein, nein, nein! Ich brauche
meinen LIEBLINGSPINSEL – und RUHE!"
Damit stürmt er nach draußen.

Kuni holt tief Luft.
„Endlich ... Ruhe!"

„Opa Kuni, alter Hase!", quiekt es da plötzlich. Schwein und Lämmchen kommen gerade vorbei; Kunis Nachbarn, die manchmal ein bisschen zu laut ihre Lieblings- schlager mitsingen, Kuni und Hasel aber immer etwas von ihren selbst gebackenen Törtchen vorbeibringen.

„Du siehst erschöpft aus", bemerkt Lämmchen besorgt. „Können wir dir helfen?"

„NEIN!", sagt Kuni ein bisschen zu schnell. Die beiden schauen ihn mit großen Augen an. „Na ja, ich hab meinen Lieblingspinsel verloren, und jetzt ..." Opa Osterhase lässt traurig die Ohren hängen.

Lämmchen stemmt die Hufe in die Hüfte. „Ständig verlieren wir Sachen – wir sind da echte Experten. Also helfen wir dir, ist doch klar!" Schon marschieren Schwein und Lämmchen an Kuni vorbei ins Haus.

Während Kuni erschöpft draußen bleibt, gesellen sich Schwein und Lämmchen zu den anderen Tieren. Hasel hat alle um sich versammelt.

„Wir müssen Opa Osterhase helfen!", erklärt sie den Freunden.

„Aber wie?", fragt einer der Hamster. „Er will doch unbedingt seinen Lieblingspinsel!"

„Dabei haben wir so schöne Federn, mit denen man malen kann!", gackert eine Henne etwas enttäuscht.

„Ich hab auch schon mal mit meiner Nase gestempelt, damals, als die Kartoffelernte …", schwärmt das Schwein und wird unterbrochen.

„Das ist es!", ruft Hasel. „Ihr seid Genies!"
Die Hennen nicken zustimmend,
das Schwein grunzt kurz beschämt, aber glücklich.

Nach einer ganzen Weile wagt sich auch Kuni zurück nach drinnen. „Das sieht ja toll aus!", staunt Opa Osterhase.
Ja, es ist voll in seinem kleinen Häuschen, aber es ist auch wunderschön! Überall entdeckt er unterschiedlich bunt bemalte Eier.

„Wir haben deinen Lieblingspinsel nicht gefunden", sagt Hasel.
„Aber vielleicht hast du ja trotzdem Lust, mitzumachen?"
Kunis Augen leuchten. Seine graue Nase zuckt. Doch etwas
muss er noch loswerden:
„Es tut mir leid", nuschelt er. „Hier ist sonst nicht so viel
los, und es wurde mir einfach zu laut und zu chaotisch.
Das musste ich kurz …"
„Schwamm drüber!", gackern die Hühner. Und Hasel
nimmt ihn bei der Pfote und zeigt seinem alten Freund
die vielen Eier, die sie schon bemalt haben.

„Oh, deine Wölkchen sind aber hübsch", freut sich der Hamster.

„Und wie bekommst du denn diese zarten Muster hin?", staunt das Lämmchen. „Mit dem Ährenpinsel?"

Langsam wird es Nacht und noch immer malen,
pinseln, stempeln und klecksen die Freunde.

„Und dann gleich noch ein bisschen Rot!", ruft Hasel, während Kuni
die Schwanzspitze der Haselmaus vorsichtig in blaue Farbe tunkt.
„Achtung, das kitzelt!", kichert die kleine Maus.
„Das könnte mein neuer Lieblingspinsel werden", lächelt Opa Osterhase
und schiebt Hasel eine Rosine zu.

„Fertig", staunt Kuni schließlich und betrachtet ihr Werk. Die anderen staunen mit.
Doch dann knetet Opa Osterhase verlegen seine Pfoten.
„Ich … also, ich danke euch! Ohne euch hätte ich das nicht geschafft!"
Die Hamster winken ab. „Kein Ding!"
Die Hennen nicken gackernd. „Jederzeit wieder!"

„AUUUU! Wer hat denn hier meine Stricknadel liegenlassen?", kräht es da.
Verschlafen reibt der Hahn sich die Augen.
Da gibt es für die Hennen kein Halten mehr. „Das ist nicht deine Stricknadel …!"
„Mein Lieblingspinsel!", ruft der alte Osterhase. „Du hast die ganze Zeit darauf geschlafen!"
Der Hahn schüttelt sein Gefieder und wirft schwungvoll den Kamm in Pose. „Wieso?
Habt ihr ihn gesucht?"

Jetzt brechen auch die Hamster in Gelächter aus, Schwein und Lämmchen grinsen breit,
Hasel kichert mäuschenleise.
Kuni lächelt sanft. „Nein, ich brauche ihn sowieso nicht mehr. Schließlich habe ich die
allerbesten Freunde …"
„Mit den allerbesten Pinseln", ergänzt Hasel. Die anderen nicken begeistert.

Am Ostermorgen, genau dann, wenn niemand guckt, ist etwas anders als die letzten Jahre. Kuni ist nicht allein unterwegs. Es flitzen Feldhamster über die Wiese, ein zerzauster Hahn torkelt durchs frische Gras, Hennen hüpfen vorsichtig über Stock und Stein, Schwein und Lämmchen tragen stolz bunt gefüllte Osterkörbe und eine kleine Haselmaus balanciert kunstvoll bemalte Eier. Und Opa Osterhase? Der lächelt zufrieden.